Воспоминания

© Екатерина Яковина, 2021

Екатерина Яковина

Через города к себе

Введение

Самое главное – это атмосфера и мгновения.

Это – то прозрачное и величественное, что существует в жизни. И воспоминания состоят именно из этих мгновений, которые, как яркие вспышки, появляются среди мрака прошлого. Когда ты внезапно можешь осознать, что было важным для тебя в то далекое время. И эти воспоминания наполняют тебя сегодняшнего. И как волны бесконечного, движущегося моря памяти приходят на берег жизни.

И ты начинаешь чувствовать себя свободным и бесконечным в своем путешествии по этому морю, значимому и красивому для тебя. И становится абсолютно неважно, какое это имеет значение для кого-либо ещё, если оно имеет значение для тебя.

В общем-то, это и есть – ты, состоящий из пространств-воспоминаний, из ярких мгновений прошлого. Но одновременно это и люди, которые были рядом с тобой в то время и события в твоем городе и в стране, в которой ты жил тогда, да и в мире в целом.

И вдруг выясняется, что ты не являешься частичкой процесса истории, а являешься самой историей, ее воплощением через свое восприятие всех событий и нахождением в атмосфере времени. И именно время является частицей бесконечности, что приводит к мысли о собственной бесконечности в нём и о своем бессмертии. Слова, выразившись в кратком введении, вломились в пространство сегодняшнего дня, уверенно призывая своим появлением к написанию книги.

Отзываясь на их настойчивый призыв вспомнить и запечатлеть с их помощью атмосферу давно ушедших дней, мое восприятие жизни, я надеюсь, что сберегаю этим и себя и пространство того времени от полного забвения и исчезновения.

Винница

в конце 60-х и начале 70-х годов

Река Времени

Куда-то постоянно бегущая река Буг в красивом городе Винница, в котором жили мои дедушка и бабушка во времена моего детства. Небольшой, стучащий и немного покачивающийся трамвайчик, бегущий по городу и наполненный внутри себя людьми, которые тоже спешили куда-то по своим делам.

Однако пассажиры старенького трамвая-времени сидели чинно внутри него и спокойно смотрели в окна на происходящее вне. Я тоже ехала вместе со своими дедушкой и бабушкой, ожидая остановки трамвая, на которой нужно было выходить. И этот город – южный, летний, наполненный теплом и светом, в отличие от вечно серого освещения в городе Ленинграде, в котором я жила с родителями, всегда радовал меня приветливостью и добротой к своим жителям.

И, наконец, выйдя из трамвая, бегом, как можно быстрее на пляж, на берег чудесной мощной реки Буг, которая, казалось, глубоко дышала и была наполнена своим собственным миром желаний и чувств. Люди маленькими разноцветными точками находились около живущей своей жизнью реки, и иногда погружали в нее свои тела, быстро проплывая небольшое расстояние и возвращаясь на берег. И таким образом, два разных мира – люди и река существовали рядом друг другом, лишь изредка пересекаясь.

В отличие от всех мой дед любил заплывать очень далеко и там, где были уже глубинные воды и сильное течение, поворачиваться на спину и так лежать на поверхности воды, лишь слегка погруженный в нее. Спокойно доверяясь реке, он позволял течению уносить его и этим всегда заставлял меня переживать за него. Я видела его с берега неподвижно лежащего, но неумолимо уносимого рекой вдаль. Это могло продолжаться полчаса, час, и практически всё это время я почти не отрываясь наблюдала за ним, опасаясь, что он может утонуть.

Но через некоторое время он всегда возвращался. И выходя на берег такой сильный, немного уставший, но довольный и умиротворенный, он доброжелательно говорил мне, что я зря беспокоюсь за него, так как с ним ничего плохого случиться не может. Я же была уверена, что это действительно так, только когда мой дед уже выходил из воды и стоял на берегу рядом со мною.

Уже много позже, подростком, я научилась так же лежать почти на поверхности воды и поняла то, что чувствовал он. А это было ощущение полной расслабленности и удивительной свободы, когда можно не думать ни о чем и находится в состоянии счастья. Можно лежать с закрытыми глазами, почти засыпая, или открыть их и тогда наблюдать плывущие по небу облака, и замечать отблески лучей солнца на воде. Холодные воды реки обнимают тебя, и ты постепенно становишься ее частью, сливаешься с ней и начинаешь ощущать себя такой же бесконечной и свободной, как сама природа.

Много лет спустя я поехала с родителями на море в солнечную Абхазию. И там мне тоже нравилось заплывать далеко и доверяться воде. Иногда меня порывались спасти благородные мужчины, которые, не понимая происходящего, думали, что мне стало плохо, так как нет движений, характерных для обычного стиля плаванья. Меня это немного смешило, хотя я была и признательна им. Благородство и желание помочь всегда восхищает.

Еще немного о городе Винница.

Естественно, что для меня очень маленькой в то время, этот город был полностью сосредоточен на моих дедушке и бабушке и, конечно же, на небольшой коричневой собачке, которая жила с ними. Я любила дом с яблоневым садом, улья с пчелами под окнами дома, шикарные кусты пионов. И мне нравился суетливый шумный трамвайчик, быстро бегущий по центру города.

Там в далеком детстве была моя добрая бабушка, постоянно готовящая что-то вкусное для всех нас на кухне. Мой дед делал и ремонтировал улья для пчел, заботился о плодовых деревьях. А поутру каждый раз встречал меня так, как будто я только что приехала в Винницу из далекого холодного Ленинграда. Он смотрел на меня и как будто бы удивлялся, не веря своему счастью, что я, его долгожданная внучка, наконец-то, здесь. И я чувствовала его заботу и любовь, его сильное желание защитить меня, закрыть собою от всех печалей и невзгод.

В доме в комнате на столе всегда стоял гордый букет ярких пионов, украшавший комнату и наполняющий ее своим летним ароматом.

Сейчас я понимаю, что это было счастье. Такое простое и настоящее одновременно.

Город Винница также выражался для меня и в огромной реке Буг и, как мне казалось в то время, бесконечном парке, в котором были качели и даже карусели. На карусели мой дедушка непременно покупал мне билет. Для меня этот билет был пропуском в волшебную страну скачущих красивых лошадей, разноцветных машинок, движущихся скамеечек и самолетов. Все они были расположены на волшебном круге карусели – кружащиеся, движущиеся, живые, наполненные смехом и радостью детей. Сменялись виды и мне тогда казалось, что лошадь настоящая. Моё платье шуршало под дуновением ветра, лучи солнца нежно касались лица. Где-то там далеко ждал меня мой дедушка, каждый раз радостно приветствуя меня рукой, когда мой конь, которого я выбрала, проносился рядом с ним, выходя на очередной круг.

И я ощущала, что я – абсолютна свободна и всё прекрасное ещё впереди. И уже тогда моя жизнь была наполнена смыслом, потому что меня любили и ждали. В тот момент времени меня ждал мой дедушка, который любил меня и готов был ждать меня столько, сколько будет нужно для того, чтобы дождаться. А дома у калитки встречала маленькая собачонка, и, входя в дом, мы вдыхали запах вкусно приготовленного бабушкой обеда. И она радостно обнимала нас.

Сегодня я понимаю, что одной из главных потерь моей жизни является отсутствие любви тех, кто ждал меня всегда.

И даже поезда, умиротворяюще стучащие своими колесами, их движение в правильном направлении, уже не в состоянии привезти меня к тем, кто так преданно любил и так искренно ждал моего приезда.

И в городе Винница ещё стоит дом, в котором когда-то жили мои дедушка и бабушка. Такой старый, но всё же надежный дом. Под окнами растет сирень, и всё та же улица ведет меня к дому. Но нет и никогда уже не будет моих дедушки и бабушки, и не будет маленькой доброй собачки, веселой и жизнерадостной, и ушли доброжелательные соседи.

И мне уже некуда ехать, незачем идти, потому что в прекрасном городе Винница меня больше никто не любит и не ждет.

И из-за этого ощущаешь себя старой, усталой и с усилием прикрываешь дверь, ведущую к воспоминаниям, оставляя лишь небольшой промежуток для того, чтобы оттуда все же просачивался теплый успокаивающий свет любви. Но делаешь это так, чтобы эти воспоминания не мучили тебя, а лишь только слегка касались, согревая своей нежностью и любовью.

Колпино

1970-е годы

Полной противоположностью красивому, наполненному природой, доброжелательными жителями городу Винница, был для меня индустриальный рабочий город Колпино, в котором я жила вместе с моими родителями, и немного позже и с младшей сестрою, появившейся на свет. Я терпеть не могла этот скучный серый город с усталыми людьми.

Помню семейные пары, идущие по улицам города – замученную тяжелой жизнью жену и часто полупьяного мужа, которого женщина вела под руку рядом с собою. Устало, но гордо. Потому что во времена 70-х годов находиться замужем считалось признаком состоявшейся жизни. Это был своеобразный показатель успеха и женской значимости. Потом, когда я уже училась в школе, подружки из таких рабочих семей рассказывали, что происходит у некоторых дома, и какие отношения существуют между родителями. Для меня это были тяжелые и пугающие истории, для них же вполне нормальная привычная жизнь.

В городе Колпино был расположен Ижорский Завод, и, естественно, завод был центром городской жизни. Большинство населения работало там. В целом, от города складывалось впечатление, что в нем никто ни к чему не стремился. И вся молодежь представляла свое будущее просто – учеба в школе, потом профессиональное училище и работа на Ижорском заводе или других подобных предприятиях, которые были в Колпино.

Поэтому школу посещали, не напрягая себя обучением, но с пониманием того, что без нее работы на заводе не получить. Ученики обреченно смирились, но и одновременно радовались возможности общения друг с другом.

Я же ходила в школу в Колпино с отвращением. Мне претила эта атмосфера постоянного принуждения, вынужденного послушания, ограничения моей свободы и невыносимого давления, когда необходимо было часами сидеть за партой на уроках и слушать то, что неинтересно.

Обычно классы были составлены из сорока учеников. Усталая учительница искренне пыталась их организовать и успеть им что-то объяснить.

Когда зимой я, как обычно, заболевала простудой, то для меня это время становилось наиболее радостным и наполненным смыслом. Ведь я, наконец-то, могла проводить время дома с книгами, рисунками и абсолютно одна, так как мои родители постоянно работали. А если у меня определяли воспаление легких, то две недели отличного времяпрепровождения дома были обеспечены.

Родители мои преподавали в Университете, который располагался, как мне казалось тогда, очень далеко – в центре Ленинграда. Сейчас этот город носит имя Санкт-Петербург. Они вставали рано, уходили на весь день и возвращались поздно вечером. И я помню, что почти не скучала по ним и знала, что вечером они придут. Родители не интересовались, как я учусь, и даже забывали в каком классе, когда шли на собрание в школу. Потом после собрания удивленно говорили мне, что я, оказывается, уже учусь в четвертом классе, а они были уверены, что еще в третьем. Такое отношение к моей учебе в школе меня абсолютно не волновало, и даже наоборот, радовало.

Училась же я хорошо и легко. Оценки были отличные, а поведение считалось плохим и поэтому каждый раз в конце года были вопросы с получением почетной грамоты. Обычно в грамоте писали, что она вручается ученице или ученику за отличную учебу и примерное поведение в течение года. А мое поведение назвать примерным было никак нельзя. Тем не менее на мое поведение всегда закрывали глаза, и грамоту каждый раз давали, чем вызывали сильное возмущение других учеников в классе. Хотя они были правы. С меня пример поведения было брать нельзя.

Например, я любила сидеть дома, дожидаясь последних пяти минут, оставшихся до начала занятий в школе. Мне очень не хотелось в нее идти. Обычно в течение этих пяти минут звучала красивая классическая музыка по радио, столь редко воспроизводимая в те годы. Я же, как только она начинала звучать, прекращала пить чай, хватала свой портфель и стремительно уносилась из дома по направлению к школе. До нее было идти минут десять спокойным шагом, но если бежать и бежать быстро, то я успевала домчаться и за пять минут. Врывалась в тихую школу. В ней уже прозвучал звонок, призывающий всех детей зайти в классы на уроки. Я бросала свое пальтишко в гардеробной, переодевала быстро обувь и потом неслась по абсолютно тихим школьным коридорам. И было для меня в этом острое ощущение свободы и радости. Мои громко стучащие туфельки по тихим коридорам, распахнутая дверь класса и строгий взгляд учительницы: «Проходи, Катя, опять с опозданием...»

Иногда все же брался дневник, куда обычно писалось расписание уроков, домашние задания и ставились оценки за ответы на уроках. Но также в него записывались замечания за плохое поведение. К концу каждой недели я получала пару замечаний об опоздании на первый урок.

Отношение моих родителей к этому было равнодушно спокойным. В конце каждой недели они подписывали страницу дневника внизу, в специально отведенном месте для подписей родителей, и не комментировали эти замечания. Они относились к этому философски. Оценки были хорошие, остальное их не беспокоило. Быть может, их не волновали и мои оценки. Они в то время делали карьеру на работе, писали какие-то серьезные диссертации, чтобы получить ученые степени. Я же понимала, что хорошие оценки – это моя защита от серьезных нападок на меня со стороны учителей и что в целом учиться хорошо – легко, приятно и удобно.

Учителя у нас менялись несколько раз, увольняясь из школы и куда-то уезжая из города, и все они были симпатичные люди. С их стороны я тоже всегда ощущала доброту.

В школе мне нравился один мальчик, плохо учившийся, прогулявший занятия и не слушающий учителей. Был в этом его поведении вызов системе подчинения, которая царила в школе. Мне нравились свобода и непокорность в его поведении. Но он об этом так никогда и не узнал.

Что еще вспоминается из этого сумрачного городка рабочих, в котором я жила примерно лет до одиннадцати?

Совсем немного. Почему-то мне всегда хорошо запоминаются большие пространства, сильные реки, леса, поля и практически вычеркиваются из моей памяти, как ненужные воспоминания, серые блочные постройки домов, угрюмые тускло освещенные желтыми электрическими лампочками подъезды этих домов, однообразные скучные улицы и серый от грязи снег зимой под ногами.

Из хорошего я отчетливо помню, просто вижу, как кино, зимнее поле – огромное и равнодушно сверкающее под лучами холодного солнца. Поле было ослепительно белое от укрывшего его за ночь снега. И в этом удивительном, как будто бы бесконечном пространстве без людей, с какими-то абсолютными тишиной и покоем, там далеко я видела моего отца, уверенно бегущего вперед на лыжах по белоснежному полю.

Это был длинный путь от Колпино к городу Пушкин (Царское Село). И мы проходили его на лыжах. Лыжня была проложена другими лыжниками, прошедшими туда до нас. Мы добирались до потрясающе красивого города Пушкин, где действительно расположен лицей, в котором давным-давно учился великий поэт. Город небольшой, так же как и Колпино, но изумительно изысканный. Пушкин – это сохраненная история, визуальный, просто какой-то кинематографический ряд старинных зданий и дворцов. Это и Екатерининский Дворец и парки с прудами, красивыми мостиками и скульптурами. Великий итальянский скульптор Франческо Бартоломео Растрелли коснулся своим гением Царского Села, создав потрясающие дворцы, и город мгновенно зазвучал видимой музыкой изящества, красоты и гармонии. Он же создал великолепный Екатерининский дворец. А также по его проекту построены павильоны «Грот» и «Эрмитаж». И до сегодняшних дней дух прошедшего времени кажется вполне реальной фигурой, обитающей в этом городе, парках и дворцах. И, наверное, души великих людей, живших в этом городе, наполнивших его своими чувствами, мыслями, смешавших свое внутреннее пространство с его пространством, до сих пор любят возвращаться в него, чтобы увидеть то, что они так любили при жизни.

Я всегда думала, когда бывала в Пушкине, что, наверное, именно в этом городе хорошо жить. Он немного похож на город Петергоф, в который мы переехали, когда я уже училась в четвертом классе. Но город Пушкин внутренне более открыт людям, живущим в нем. Кажется, что он их больше жалеет и принимает со всеми недостатками и печалями. Петергоф же гордый, красивый город, но эмоционально более отстраненный от своих жителей, которые всегда, казалось, временно проживают в нем.

Я любила город Пушкин, а жила в городе Колпино, который, кстати, был еще и довольно неспокойным местом по количеству плохих происшествий, происходивших в нем регулярно. Это был город эмоционально сухой, с ощущением опасности нахождения в нем и какой-то тоскливо безнадежный.

Еще и поэтому книги всегда были моим спасением. Ведь в них описывались другие миры и возвышенные чувства, там любили по-настоящему и были преданны друг другу до конца своих дней, там открывались двери в новые страны, в которых существовала жизнь неизвестная, чарующая и изысканная.

Телевизора у моих родителей не было, наверное, до тех пор пока мне не исполнилось лет десять, да и потом он включался редко. И как же было хорошо, свободно от навязываемой тебе информации, оголтелой пропаганды, чужих постоянно говорящих людей в твоей квартире. Эти люди обычно смотрят с экранов телевизоров с выразительными лицами, умным видом, фальшивой доброжелательностью и заботой о тебе, и настойчиво проникают в твое внутреннее состояние, пытаясь изменить твои мысли и чувства. Они подменяют твои ценности на свои установки, уверенно навязывая свое видение мира и оценку событий.

Всего этого телевизионного давления не было в квартире в Колпино. И за это я благодарна родителям, потому что и это помогло мне сохранить себя такой, какая я есть на самом деле.

Из смешных событий, произошедших в Колпино, я помню прогулку с моей младшей сестрой, когда она надела большую шляпу с огромными полями и пошла гулять во «взрослой компании» – со мной и моими подружками. И ей очень хотелось казаться такой же взрослой, какими она считала тогда нас, десятилетних девочек. Ей же тогда было примерно лет пять. Она гордо шла рядом с нами в огромном черной маминой шляпе, уверенная в том, что выглядит так же солидно, как и мы. И когда мы вдруг стремительно помчались куда-то, она тоже побежала – такая маленькая, спотыкающаяся, совершенно неуспевающая за нами. В этот момент проходящая по улице женщина увидела нашу шумную компанию, остановилась, посмотрела осуждающе и прокричала нам вслед: «Сами несетесь неизвестно куда, как сумасшедшие, так еще и эту малютку с собой прихватили, этого маленького гномика в огромной черной шляпе. Девочки, ну посмотрите, она же совершенно не успевает бежать за вами».

Дома моя сестра горько плакала и сквозь слезы говорила мне, что она была уверена, что выглядит взрослой, точно такой же, как мы. Ведь на ней была большая мамина шляпа с широкими полями. И мне было её очень жаль тогда, я любила её.

И еще одна смешная история. Хотя, всё это могло показаться бы забавным только взрослому человеку. Для меня же, тогда еще ребенка, это была история страшная.

В квартире в Колпино в ванной комнате был какой-то, непонятно зачем там лежащий на полу, черный шланг метра два длиной. Я его боялась, особенно после того, как моя мама сообщила мне по секрету, что этот шланг на самом деле – змея, которая несет, ну так же, как и обычные курицы, яйца, и она делает из них яичницу по утрам.

В целом, можно сказать, что в Колпино мне жилось плохо. И, когда мои родители неожиданно получили квартиру в Петергофе, то радости моей не было предела. Потому что все эти годы мне хотелось уехать из Колпино. Мне всегда казалось, что едва ли может быть место более опустошающее меня эмоционально.

И мы переехали Петергоф.
Об этом я расскажу немного позже.

А сейчас о небольшом городке Абдулино с чувством благодарности и любви.

Абдулино

1980-е годы

Абдулино расположен на реке Тирис в Оренбургской области. Много лет назад там была образована деревня, говорят, что удачливым купцом. Звали его Абдула Якупов. Вот он и считается основателем этого города.

В 1980-е годы, когда я ездила в Абдулино летом, это был очень небольшой городок с отдельно стоящими деревянными домами. Для меня, приезжавшей из Ленинграда, Абдулино был скорее похож на уютную деревню с немногочисленными в ней жителями — страдающими, любящими, строящими свои дома и создающими новые семьи. Всё, как и в других городах, деревнях того времени, но только это место откликалось в моей душе, потому что там жила моя бабушка – баба Оля, мать моего отца.

Дед умер уже очень давно. И я так никогда и не увидела его. В небольшом деревянном доме жила только одна бабушка Оля. Хотя, всё же иногда к ней приходила жить какая-нибудь девушка квартирантка, временно снимающая у бабушки площадь и одновременно помогающая ей по хозяйству. Так бабе Оле было веселее, да и спокойнее. Всё же лучше, чем быть всё время одной в доме, общаясь только с собакой и кошкой. Да ведь с ними и не поговоришь же особенно. Они всегда только слушают и, кажется, что соглашаются со всем, что им рассказываешь.

Девушки квартирантки обычно не задерживались долго в доме у бабушки, так как она их выдавала удачно замуж, и они радостно уезжали со своими мужьями, иногда даже в другие сёла и города. Некоторые шутя рекомендовали подругам, которые мечтали о замужестве, пойти жить к бабе Оле, чтобы в течение всего лишь нескольких месяцев выйти замуж. Это были хорошие веселые девушки, и я помню, что всегда с радостью с ними общалась.

Ехать до этого городка из Ленинграда нужно было два дня и ночь в поезде. И стук колес поезда, такой умиротворяющий, надежный и громко звучащий, был дорог моему сердцу. За окном поезда, как в непрекращающемся монотонном фильме под коротким названием «Жизнь», мелькали дома, огороды, леса, куда-то спешащие люди, играющие дети, заводы, дороги, с мчащимися по ним машинами, козы на лугах, собаки, магазины, заборы... И это успокаивало и как-то примиряло с действительностью. Все печали размывались, плохие думы растворялись, а музыка стучащих колес поезда звучала уверенно и спокойно.

Сейчас, со скоростью пришедших в нашу жизнь мчащихся поездов, за окном всё мелькает так быстро, что трудно что-то разобрать, увидеть, понять... Не видно деталей, не ощущается наличие жизни за окном, и с этим теряется глубинный смысл самого существования.

И время как бы скукоживается, теряет пространственность и уже не дает помощи всем живущим, с помощью осознания ценности и значимости каждого момента времени, наполненного конкретными событиями.

А тогда в детстве, в старом поезде, неторопливо идущим своим маршрутом, я ехала к бабушке.

И это было счастье. И меня ждали в этой небольшой деревне, в маленьком старом доме с собачкою у крыльца. И снова и снова меня пронизывает одиночество от осознания того, что нет уже тех, кто так ждал, был рад мне, и был горд моими успехами и разделял мои надежды.

А есть ли еще в жизни что-то также согревающее и утешающее, как любовь тех, кого любишь и ты? И дополнительным, но важным смыслом, наполняются именно те места, города и события, в которых тебя любили и ты был бесконечно важен и дорог. Вновь слово «дорогой» рифмуется для меня со словом «дорога», как путь к любимым и близким, ждущим и верящим в тебя.

И этот небольшой город Абдулино всегда был для меня вселенной времени и чувств. Моих эмоций, вложенных в тот период моей жизни.

И прорастание чувств и воспоминаний оттуда, из далекого, казалось, уже почти забытого детства, становятся фундаментом моих чувств и ощущения жизни сегодня. Никто не умер для меня – ни бабушка Оля, ни мой дед, ни моя подруга юности Таня. Они живут со мною, раскрываются в полете моих чувств, моих дней, тихих шагов вдоль моего жизненного пути.

Что было в Абдулино

Библиотека, базар, река, навесной мост над рекой, площадь, на которой, в том числе был и магазин книг, поля рядом с деревней. Но самое главное – там было ощущение счастья и бесконечности жизни.

Рано утром я видела струящийся свет, проходящий сквозь тюлевые занавески на окнах и красиво ложившийся на деревянный пол. Иногда, из-за легкого утреннего ветерка, занавески колыхались и становились похожими на красивых белых птиц, машущих своими прозрачными крылами. И дрожали лучи света, живые, дышащие, утренне яркие, входящие в старенький деревянный дом и уверенно начинающие очередной день моей жизни. И мне казалось тогда, что этих дней будет еще так много впереди, так много...

Под окнами рос огромный куст цветов флоксов, неизвестно откуда там появившийся, однако уверенно занявший свое место в истории дома, наравне с кошкой и собакой, живших в нем. Утром запах цветов заполнял комнату и вместе с лучами солнца создавал атмосферу любви и уверенности в рождающемся дне.

Моя бабушка всегда вставала раньше меня. Она не спеша что-то делала по дому или в огороде. После этого она уходила на базар и быстро возвращалась домой, чтобы успеть приготовить мне завтрак.

И просыпаясь утром, я всегда слышала, как бабушка чем-то занимается на кухне – грохают кастрюльки, жарятся оладьи, заваривается ароматный чай с травами. С этими звуками у меня всегда появлялось ощущение защищенности. Для меня начинался новый счастливый день. И потом горячие оладьи, кошка, уютно сидящая на диване, и моя любимая бабушка, предлагающая мне снова и снова что-нибудь вкусное. И теплый свет, струящийся сквозь белые занавески на окне. Он уверенно приходил из поднебесья, где всегда было всё хорошо и удивительно.

Но в один из моих приездов я заметила, что моя бабушка стала просыпаться по утрам позже меня и уже нет в ней прежней силы и наполненности жизнью, которые были всегда. И я вдруг с отчаянием поняла, что она не так хорошо себя чувствует, как это было раньше и нуждается в более длительном покое и отдыхе.

Мне стало страшно от понимания невозможности остановить процесс времени, от невыполнимости моего желания помочь и спасти. Слышался зов из другого пространства, снова похожий на усиливающийся поток света из медленно, но неотвратимо открывающихся дверей в неизвестное. Обязательность перехода была угнетающей.

Заброшенные аттракционы

Было в Абдулино одно очень странное и, можно сказать, мистическое место – парк заброшенных аттракционов. Когда-то давно недалеко от деревни поставили небольшие аттракционы – качели-лодочки и другие. Они располагались прямо в лесопарке. До этого некоторые деревья были вырублены, трава аккуратно подстрижена, поставлены скамеечки и изящные деревянные скульптуры. Не знаю почему, но через некоторое время это место стало полностью одичавшим.

Людей в лесопарке практически никогда не было. Качели-лодочки стояли погружённые в море травы, и лишь слегка выглядывали из неё, словно любопытствуя, что же происходит в парке. А вокруг была буйная растительность, высокие изогнутые деревья, яркие жёлтые цветы и главное – в парке стояла абсолютная тишина. Такая удивительная тишина, граничащая, казалось, с ощущением вечности. И только иногда среди этого запустения и безмолвия внезапно раздавался резкий скрипучий звук качелей. Этот звук уверенно прорывал пространство тишины и становился основным в парке. Качели начинали медленно двигаться, рассекая траву-море и с каждым разом взмывая всё выше и выше к небу. И тогда из лодки вдруг начинали доноситься голоса людей, которые радостно кричали что-то друг другу. Парк работал. Как если бы крепко спящее огромное животное внезапно разбудили, и оно, открыв глаза, удивлённо и недоверчиво начало бы реагировать на людей.

Странно было и то, что работали даже аттракционы связанные с электричеством. Наверное, всё же где-то был сторож этого парка. Однако он или никогда не появлялся на работе, или же был надежно скрыт за ветвями разросшихся деревьев. Билеты никто не продавал, аттракционы работали. Парк казался абсолютно пустым.

В общем, это был парк-сон, безлюдный одичалый, заброшенный и тихий. И казалось, что сама природа протестует против людей, приходящих в парк на заброшенные аттракционы. Ведь она уже сделала аттракционы, насильственно ней расположенные, своей частью. Она заботливо накрыла их ветвями своих деревьев и проросла травой, объединясь и примирясь с ними.

В последующие годы, когда я приходила в парк, все аттракционы уже были разбиты, скамейки сломаны, скульптуры исчезли. Покалеченные лодки лежали на боку, полностью покрытые травой, как будто утонувшие в зеленом море травы и печали. Люди больше не интересовались аттракционами. Они доломали красивый заброшенный парк и забыли о нем.

И только деревья жалели старые разбитые аттракционы и по-прежнему обнимали сломанные лодки своими большими зелеными ветвями, склонившись над обломками.

Пели птицы, шумела трава от движения ветра, и высокие желтые цветы выглядывали из травы.

Но красивые лодки-качели уже больше никогда не взлетали в небо.

Навесной мост над рекой

Речка была небольшая, но быстрая. Может быть, когда-то давно река была более сильной и полноводной, но в годы моего приезда в деревню она уже стала робко бегущей речкой, над которой уверенно парил навесной мост.

Он качался в воздухе, под воздействием порывов ветра и вздрагивал словно живой от шагов проходящих по нему людей. И меня всегда пугал этим. Мост был очень узкий, и если на нем встречались два человека, переходящие на противоположные стороны, то разойтись им было непросто.

Но основная опасность все же была в том, что в нем отсутствовали многие деревянные перекладины, составляющие полотно моста, по которому шли люди. И сквозь эти огромные промежутки отсутствующих перекладин была видна темная вода бегущей далеко внизу реки. Нужно было сосредоточиться и, широко шагнув, аккуратно переступить пустой промежуток, поставив ногу на следующую несломанную перекладину. От тяжелых шагов мост сильно вздрагивал и мне всегда было страшно идти по нему – ненадежному и опасному.

Старые дома, навесной мост над рекой, заброшенные аттракционны, шумный веселый базар, вокзал, с постоянно приходящими и уходящими поездами – все они были живыми, одухотворенными, имеющими свои истории и воспоминания. И они делились ими со мною, как бы принимали меня в свою особую жизнь, доверяя мне и позволяя находиться в их странных волшебных мирах.

Жизнь в Абдулино

Вообще жизнь в этом небольшом городке была полна эмоций, выяснения отношений, симпатий, разводов, счастливых случайностей, семейных дрязг и дружб. Этот, казавшийся спокойным и умиротворенным, городок-деревня, на самом деле был океаном эмоций и человеческих драм.

Одной из показательных историй может служить история моей бабушки, которая навсегда поссорилась со своей соседкой бабой Леной (как все ее звали) из-за бревен около стен дома.

В один из обычных летних дней соседка положила большие и, видимо, ценные для нее бревна рядом со стеной дома моей бабушки. Она категорически не хотела их убирать в другое место, несмотря на слова моей бабушки о том, что стена ее деревянного дома будет плесневеть. Вопрос можно было решить только путем переговоров, но все переговоры проходили неудачно. В результате бревна так и остались на том же самом месте на многие годы, а вот дружба прекратилась навсегда. И вот из-за такого, с моей точки зрения, пустяка две закадычные подружки и поссорились. Остальные соседки на этой улице продолжали по-прежнему дружить между собой.

И они часто приходили в гости к моей бабушке и эмоционально осуждали поведение соседки бабы Лены. Головы бабулек всегда покрывали красивые, разноцветные платки. Кстати, подарок в виде платка считался одним из самых ценных в деревне, потому что он был важным элементом одежды бабушек.

Нарядившиеся в красивые платки бабульки с удовольствием брали со сковородки только что поджаренные, горячие ещё семечки, и трогательно смешные, веселые и одновременно очень важные долго потом сидели на лавочке перед домом, щелкая семечки и болтая о том о сем. Они были чем-то похожи в это время на трех больших разноцветных птиц.

На лавочке перед домом обсуждались все главные новости деревни. Жизнь соседей, передачи, прослушанные по радио, а также, что у кого выросло на огородах, здоровье бабулек, их предчувствия и сны. Умиротворением и оптимизмом была наполнена эта картина. И мне почему-то казалось, что так будет всегда и ничего плохого с этими бабушками произойти не может, так как не возьмет их ни болезнь, ни старость, ни время.

В деревне также существовал натуральный обмен. И моя бабушка обменивала выросшие у нее в огороде огурцы на мед или молоко у тех хозяев, которые имели эти продукты. Это очень помогало выживать в небогатых условиях, в которых находились жители городка-деревни в то время.

Но продукты там были отменные! Например, сметана. Это я поняла, когда приехала из Ленинграда к бабушке на лето. И я, как обычно это делала в городе, взяла сметану из банки, наполнила ею целый стакан и добавила сахар, решив таким образом перекусить вечером. Две бабульки, в это время находящиеся в гостях у моей бабушки, чинно сидели на диване и с искренним любопытством наблюдали за тем, что я делаю. Они словно ожидали чего-то необычного.

Я уже привыкшая к тому, что бабушкины подружки всегда с интересом меня разглядывали, равнодушно села за стол, отрезала себе кусок хлеба побольше, взяла столовую ложку и начала есть сметану. И в этот момент бабульки замерли словно в ожидании главного. Они перестали разговаривать друг с другом, обсуждая последние деревенские новости, и смотрели на меня так, как будто вот именно сейчас произойдет кульминация интересного фильма.

И она состоялась. Первая ложка сметаны, которую я хотела съесть, оказалась и последней. Потому что весь мой рот был, казалось, заполнен огромным куском мягкого жирного сливочного масла. Естественно, что ни жевать, ни глотать это мне не хотелось. Хотя, я усилием воли все же пропихнула масло внутрь только для того, чтобы не выплевывать его на радость ожидающим зрительницам. Но, видимо, выражение моего лица было настолько удивленным, что бабушки рассмеялись от души.

«Ты, внученька, сметанку бы на хлеб намазала. Вот тогда было бы хорошо и вкусно», – доброжелательно посоветовала мне одна из бабулек.

И они радостно, как дети, принялись снова смеяться надо мной.

Дело в том, что в Абдулино чайную ложку сметаны клали в тарелку супа, ну или же использовали сметану для приготовления жирного печенья. Можно было и хлеб намазать тонким слоем сметаны. Тогда получался хлеб, как если бы он был намазан хорошим сливочным маслом.

А в Ленинграде продавалась сметана, как кефир – жидкая, прозрачно бледная, словно больная, по сравнению с хорошей жирной деревенской сметаной. И я наливала эту сметану в стакан. Ее я уныло ела столовой ложкой и с грустью смотрела в окно, за которым, как всегда в Ленинграде, лил бесконечный дождь.

В другой раз я рассмешила бабулек, когда они узнали, что я сорвала два самых ценных огурца из огорода моей бабушки. Они-то знали, что моя бабушка заботливо растила эти огурцы на семена. Семена всегда были очень важны и нужны для того, чтобы иметь новый богатый урожай в следующем году. Чего, конечно же, не знала я.

И утром, как обычно, я вышла в залитый солнечным светом двор, уверенно прошла в огород и, о чудо, нашла там два огромных огурца.

«Вот удача! – радостно подумала я. – Наверное, бабушка забыла про них или просто не нашла. А для салата будут сегодня отличные огурцы».

Я сорвала огурцы, принесла на кухню и с гордостью положила в мисочку. И забыла о них.

Часа через два я услышала изумленный крик бабушки в огороде: «Батюшки мои, а огурцы-то где, украли что ли? Где ж они? Собака не лаяла ночью, значит, во двор никто не забирался. А огурцов-то нет! Куда ж они подевались?»

Что сказать? Внучка приехала – ничего не понимает в огороде. Но зато бабульки получили еще одну интересную историю для своих пересудов на лавочке.

А они были смешные и добрые эти бабульки, похожие иногда на детей своей наивностью, несмотря на прожитые тяжелые годы. Готовые всегда пошутить и рассмеяться. Но, нужно сказать, что существовали у них и серьезные, так сказать, взрослые темы для разговоров.

«Ну, подруга, у тебя же муж на одной ноге», – говорила одна бабулька другой.

Мужчина действительно был без одной ноги, так как потерял ногу в результате ранения на войне 1945 года. И после этого передвигался всю жизнь с костылями в руках.

«А... ничего, так даже лучше, – оптимистично отвечала ей подружка. – Зато, не убежит к молодой. А то, ныне вон сколько молодых девок вокруг, мужики-то в цене, и осталась бы я одна, без мужа на старости лет».

Бабулька поджимала губы и соглашалась, кивая головой в знак одобрения этих слов.

Нравилось соседкам слушать и мои рассказы о жизни в Ленинграде, в которых их многое и удивляло и развлекало. Например, они совершенно не понимали образа жизни в большом городе, а уж блага цивилизации такие, как телефон, лифт и прочие совсем не соблазняли их.

Напротив, лифт и метро внушали им ужас.

«И что, ты правду говоришь, внученька? Неужели вот так под землю все вместе и едут на одной лестнице? Сначала билетики возьмут, потом друг за дружкою встанут на эту железную лестницу, и она их вместе вниз под землю везет! И там под землей, ты говоришь, поезда ездят туда-сюда? И как же они не бояться-то всего этого! Этот же страх какой, батюшки. Да, мало ль кто там под землей живет, нечисть какая-нибудь. А люди сами туда едут. А если эта лестница сломается, и как же они наверх тогда выйдут? Вот ужас-то какой!» – испуганно восклицали старушки, переглядываясь друг с другом.

А потом недоверчиво искоса смотрели на меня и добавляли: «А ты часом не врешь ли нам, внученька? Ну, так... чтобы просто постращать нас, старых, своими рассказами?»

И когда я отвечала им, что, в городе действительно такое метро есть, то видя их изумленные лица, я понимала, что подарила бабушкам ещё одну тему для обсуждения на многие годы вперед.

«Как же эти люди так странно, неправильно живут и что только там в своем большом городе не вытворяют!» – с осуждением говорили они друг другу, аккуратно поправляя свои красивые разноцветные платки на головах, и одновременно с осуждением смотря на меня.

И в тот момент я чувствовала себя ответственной за всё происходящее в Ленинграде.

Нужно сказать, что доверчивость бабулек была огромной. После истории о метро, им, наверное, можно было бы рассказать всё что угодно. Насочинять что-нибудь. И они поверили бы всему сказанному. Уж если люди в городе добровольно под землю едут...

Но реальность так изумляла бабулек, что и фантазировать было незачем.

Я, впрочем, и сама стала немного иначе относиться к некоторым вещам и событиям города Ленинграда, увидев реакцию деревенских бабулек на мои рассказы и послушав их простые, но наполненные здравым смыслом слова.

И мой рассказ о лифте в многоэтажных домах, что было обычным для Ленинграда, тоже не вызвал у них восхищения.

«Ну... И растолкуй нам, внученька. И зачем же эти люди так высоко позалезали, чтобы потом там жить?» – спрашивали они меня, имея в виду верхние этажи высотных зданий.

«Ведь они же теперь не могут ногами дойти до своей квартиры! Им нужно обязательно в лифте ехать. А в лифте-то этом, ты говоришь, нет окон, всё железное, механическое и двери закрыты, только кнопочки с номерами этажей на стене. Нажмешь и лифт тихо вверх поедет, почти беззвучно. Вот страсти-то какие! Нам же теперь страшные сны про эти лифты сниться будут!» – восклицали бабульки.

Потом, посудачив еще немного друг с другом, добавляли: «И как же можно вытерпеть, пока лифт до нужного этажа доедет? Страшно ведь так ехать. Нет... Знаешь, внученька, люди должны в своем доме жить. А дом на земле стоять. Захотел во двор выйти, дверь открыл и во дворе, а там и огород и деревья есть, и цветы под окнами. А если из магазина возвращаешься, то подошел к забору своего дома и там сразу калитка. Ее открыл, по двору прошел и уже дверь дома перед тобой. Опять же ручку двери повернул и сразу внутри оказался. Вот так нужно жить. И не нужно нам никаких ваших железных лифтов! Не пугай нас, пожалуйста».

Довольные и даже, вернее сказать, гордые сделанным выводом из моего рассказа они тут же, как дети, начинали просить меня рассказать еще что-нибудь интересное, но обязательно нестрашное.

И, чтобы больше не пугать их, я рассказала бабулькам и о так называемых белых ночах Ленинграда в июне и июле. Это особое время, когда практически всю ночь в городе есть естественное освещение – такое серо-прозрачное, очень романтическое. И в этом пространстве поэзии ходят люди, похожие на удлиненные серые силуэты. И нет черной ночи, ее нет вообще почти в течение месяца. Как будто город не позволяет войти темноте, и свет с легкостью торжествует в этот период времени.

Бабушки внимательно выслушали мой рассказ о городе, в котором в июне и июле не существует ночи, снова недоверчиво покачали головами и, наполненные новой информацией и противоречивыми эмоциями, разошлись по своим домам, тихо беседуя друг с другом.

Я поняла, что они не знали, как реагировать на мой рассказ о ночи без темноты, так как, с их точки зрения, это выглядело абсолютно неправдоподобно.

Телевизор в то далекое время в Абдулино был не у многих. И поэтому бабушки не знали современной жизни больших городов и не понимали ее, да и не нужно им это было. У тех, у кого телевизор все же был, он включался очень редко. Работал только один телевизионный канал, но бабушек там ничего не интересовало.

«А что там смотреть-то? Говорят, говорят... Не пойми что, ерунду всякую. А про жизнь мало», – жаловались они мне.

Моя бабушка иногда по вечерам всё же начинала что-то смотреть по телевизору, но через короткое время сообщала мне, что идет спать, ведь завтра нужно вставать до рассвета.

Все жители ложились спать рано, так как утром нужно было идти на работу или на базар, или же просто хозяйничать по дому. В целом считалось, что правильнее жить, вставая до восхода солнца, чтобы побольше успеть сделать за день. Была в этом какая-то размеренность, неторопливость деревенского быта, когда много делалось в дне сегодняшнем, чтобы обеспечить себе пропитание на день завтрашний.

И снова я понимаю, что телевизор, это безумное навязчивое средство пропаганды и формирования мировоззрения человека, практически отсутствовал в периоды моего детства и юности.

В Виннице у бабушки и дедушки, когда я была совсем маленькой, телевизор включали только вечером для просмотра новостей, которые меня, естественно, совершенно не интересовали. У моих родителей телевизора не было до того, как мне исполнилось лет двенадцать. И после его покупки он включался очень редко.

Я всегда любила читать книги, родители постоянно работали, занимаясь своими диссертациями и преподавая студентам. В то время им абсолютно некогда было смотреть телевизор.

Ну а бабушка Оля в Абдулино, моя мудрая бабушка, вообще жила своей простой деревенской жизнью, не подвластная никакой пропаганде и навязываемым установкам, льющимся каждодневно с экрана телевизора. Она всегда имела свое мнение и не допускала вмешательства в свою жизнь.

Сейчас, вспоминая этот небольшой городок-деревню, я хорошо понимаю, что пока были живы мудрые и оптимистичные деревенские бабульки, дышали жизнью и их дома. Ставни всегда обновлялись с помощью свежей краски к лету, тюль на окнах был белоснежным и уютно закрывал окна домов от посторонних глаз, цветы пышно росли в горшках на окнах и вокруг домов, а довольные кошки грелись во дворах на солнышке.

Всё всегда было убрано, чисто, огороды наполнены созревающими овощами, за которыми ухаживали трудолюбивые руки старушек.

И вот так просто, не задумываясь об этом, они своей жизнью давали и сохраняли жизнь всему, что их окружало. Жили и создавали, жалели и заботились.

Шумный базар, небольшие магазины, почта, площадь перед базаром, ухоженные деревянные домики жителей деревни, вокзал, с постоянно приходящими и уходящими поездами.

Всё в небольшом городке-деревне было связано с жизнью этих стариков и наполнено их светлыми надеждами, смело устремленными в будущее.

И в ритме стука колес идущих поездов, в пронзительном звуке гудков при отправлении или прибытии на станцию очередного поезда, мне всегда слышалось:

— Всё будет хорошо. Всё хорошо... Мы уезжаем, но мы вернемся.

Как будто бы старики деревни обещали не умирать, не уходить и всегда беречь свою небольшую деревню от невзгод и разрушений.

Сейчас их уже нет.

Они ушли, мудрые, стойкие и оптимистичные. И многое потеряно с их уходом, изменилось, разрушилось или полностью погибло.

И только память людей, которые видели эту небольшую деревню-городок, были частью этого прошлого, как парус над кораблем времени, дает возможность ветру надувать паруса, и кораблю уверенно плыть вперед – в следующий день.

Один из самых красивых пригородов Санкт-Петербурга. Петергоф («двор Петра») был основан в 1710 году как императорская загородная резиденция. Здесь функционируют 170 фонтанов и 3 каскада.

Петергоф

Только хорошие слова я могу говорить по отношению к Новому Петергофу, так как этот город подарил мне еще большее ощущение внутренней свободы, наполненности красотой и визуальной поэзией. Я была в то время его неотъемлемой частью и мне казалось, что он принимал мое восхищение и почтение к нему доброжелательно.

Но существует и город Старый Петергоф, расположенный всего лишь в нескольких километрах от Нового Петергофа. И из Колпино мои родители переехали именно в Старый Петергоф, внезапно получив квартиру от Ленинградского университета. Многоэтажный дом, в котором находилась наша новая квартира, стоял в унылом районе новостроек, недалеко от небольшой деревеньки. Дом был только что сдан строителями под заселение.

Квартал в Старом Петергофе, в котором мы жили с родителями и моей младшей сестрой (много позже родилась еще одна сестра), так и назывался 23 квартал. Когда я в первый раз приехала смотреть нашу новую квартиру, то он мне показался еще более унылым и неприветливым, чем город Колпино.

Между новостройками не было абсолютно ничего – отсутствовали деревья, даже трава на земле не росла. Абсолютно одинаковые невыразительные высотки ровно стояли рядом друг с другом. Под ногами лежал серый асфальт и кое-где была, оставшаяся после строительства, грязная желто-коричневая глина.

Окна соседей из дома напротив казались так близко, что создавалось ощущение, что они тоже живут в нашей квартире. Над городом нависало тоскливое серое небо. Я видела одинокие фигурки прохожих, торопливо спешивших куда-то по своим делам. Всё вокруг выглядело однообразным и скучным.

И лишь потом я узнала, что в десяти минутах ходьбы от нашего дома есть еще и огромные зеленые поля, а за ними настоящий густой лес, в котором росли грибы и ягоды, и всегда пели птицы. А если выглядывать с балкона из моей комнаты, то хотя и очень далеко, но в редкий безоблачный день можно было увидеть полосу Финского залива и парки моего любимого Нового Петергофа. Если же посмотреть в другую сторону, то там был виден кусочек красивого поля.

«А значит, здесь можно жить», – подумала я тогда.

И не ошиблась.

Определяющим для меня оказалось и то, что, наполненный старинными зданиями, парками, фонтанами, изумительный по красоте Новый Петергоф находился рядом.

После переезда я быстро забыла Колпино. Я намеренно полностью вычеркнула его из своей памяти, как что-то неприятно тягостное и удручающее.

Мне повезло еще и в том, что моя школа была расположена именно в Новом Петергофе рядом с парком. Когда-то очень давно, начиная с 1880 года, эта школа была зданием мужской гимназии, учрежденной Императором Александром II.

Во времена же моей учебы старинную гимназию превратили в обычную школу для мальчиков и девочек с углубленным изучением английского языка.

И можно было сбегать с уроков физкультуры в красивый парк, ворота которого были всегда открыты, или просто сидеть в изящном кафе, расположенном рядом со школой.

И уже было неважно, что для того, чтобы добраться до школы, каждое утро нужно было с трудом втискиваться в автобус, битком заполненный невыспавшимися взрослыми и кричащими детьми, добирающимися на работу и в школы. И ехать так полчаса вместе со всеми, одной большой плотной массой, чувствуя, как смешиваются дыхания людей в автобусе, вынужденно слушая их громкие разговоры и пропитываясь их эмоциями. Автобус, казалось, был наполнен раздражением людей из-за тесноты и духоты. Но когда двери переполненного автобуса, наконец-то, открывались на нужной мне остановке, я сразу оказывалась напротив изумительного парка с живописными аллеями и красивыми скульптурами. В глубине парка были видны фонтаны с бьющими из них переливающимися струями воды.

И мгновенно забывался автобус, который уже уезжал с остановки и, покачиваясь, спешил дальше по своему маршруту.

Еще немного времени и я оказывалась в красивом старинном здании моей школы.

Поля и леса в Старом Петегофе

Большое поле находилось недалеко от дома. Можно было дойти до начала этого поля минут за десять, а за ним вдалеке уже виднелся густой лес.

Поле было другим миром – дышащим, свободным, наполненным жизнью птиц, растений, солнца и ветра. Пространство зеленое летом, и превращающееся в белое молчаливое зимой.

Две небольшие тропинки, пересекающие поле, и одна песчаная дорожка посередине как бы разделяли это поле на несколько частей. Иногда встречались люди, которые гуляли с собаками. Собаки носились туда-сюда, ошалевшие от свободы, радости и простора. Но в основном поле было безлюдным.

И вот по этой дорожке можно было минут за сорок дойти до леса, в котором осенью и весною росли грибы и ягоды. Раньше в лесу жили и лоси. Для них на полянах стояли высокие деревянные кормушки. Я помню, как лоси высовывали свои головы из густой листвы деревьев и спокойно внимательно смотрели на пришедших к ним людей – в дом лосей, в их лес. Они совершенно не ожидали ничего плохого от людей. Ведь они заботились о лосях, смастерив им кормушки, в которых всегда была еда. У лосей были большие красивые глаза. Эти лесные обитатели были чем-то похожи на огромные корабли. Только для кораблей дом – это море, а для благородных лосей домом был их лес. Через несколько лет лоси пропали из леса. Люди их погубили...

Лес был странный. Вроде бы и лучи солнца смело проходили сквозь листву, рассыпаясь на множество лучей и украшая собой жизнь леса. И кустарники росли на земле, а большие гордые деревья уверенно устремлялись своими кронами в небо. И грибы и ягоды всегда радовали путников. Но все же было в этом лесу что-то настораживающие, зловещее, невысказанное.

Иногда на земле встречались осколки от снарядов, оставшихся в лесу еще со второй мировой войны 1945 года. Заржавелые, покореженные, черно-коричневые осколки. Были и целые снаряды, вытолкнутые землей из себя, и угрожающе лежащие среди спутанной травы и упавших с деревьев сухих веток. И было абсолютно непонятно, что ожидать от этих, казалось, уже недействующих снарядов. Поэтому их аккуратно обходили стороною, стараясь не зацепить ногами. Также в лесу сохранились и какие-то остатки от сделанных во время войны землянок, в которых укрывались от бомб солдаты. И эти черные ямы-землянки, практически полностью уходящие под землю, содержали в себе давние мрачные истории прошедшей по лесу войны.

Наверное, это был эмоционально больной лес. Он видел много горя во время войны и так и не смог оправиться от этого. Ведь природа всё понимает, чувствует и жалеет людей.

Не добавляли оптимизма путникам и лесные болота. А их в лесу было немало. Хотя внешне они казались даже привлекательными, так как они были покрыты сверху небольшим слоем земли с травой. Трава, красиво растущая поверх земли, зеленела и радовалась лучам солнца. Но под ее тонким ненадежным слоем тяжело дышала темная жижа болота. В основном она была не видна. И только иногда жижа, как непонятное угрожающее существо, высовывалась из своего мрачного убежища, появляясь и оставаясь на яркой зеленой поверхности черными лужами.

Рядом с темными лужами на зеленых кочках росли низкорослые кусты клюквы с яркими красными ягодами.

По болотам нужно было всегда идти с длинной палкой-веткой, осторожно проверяя впереди землю прежде, чем сделать следующий шаг. Поверхность часто покачивалась при ходьбе. Так болотная жижа, как что-то живое, шевелилась под ногами, ненадежная и мрачная.

Когда, наконец, участок болота заканчивался, и люди выходили на нормальную плотную землю, по которой можно было идти легко и уверенно, то все начинали шутить, смеяться и с облегчением вести обычные непринужденные разговоры.

В лесу росли грибы – белые, подосиновики, подберезовики, лисички, грузди, опята. В общем, можно сказать, что это был сказочный лес по разнообразию грибов, которые можно было в нем собирать. И чудесные разноцветные сыроежки показывали свои яркие шляпки то тут, то там. Подосиновики, как им и положено, росли рядом с осинами. А подберезовики стояли рядом с березами. Белые грибы можно было найти где угодно, даже у тропинок, проложенных грибниками. Они росли, чаще всего, небольшими семействами или стояли поодиночке. Но если было везение найти поляну с лисичками или опятами, то корзины мгновенно заполнялись доверху этими вкусными грибами. И грузди... Эти черные крепкие грузди, которые можно было засолить в большие трехлитровые банки, и потом есть холодной и долгой зимой.

В лесу грибники разводили костры. Обычно это делали весной или осенью. Лес в это время всегда стоял очень влажный – с мокрым мхом повсюду и как будто весь промокший от постоянных дождей. И поэтому небольшой костер был безопасен. Собирались сухие веточки, упавшие около деревьев, листья и разводили костер. А потом, когда огонь немного разгорался, и от него шло спасительное тепло, все молча сидели вокруг костра, кипятя на костре крепкий черный чай в железных кружках, и жаря на длинных веточках только что собранные сыроежки.

Обратный путь лежал через те же самые поля, раскинувшиеся перед лесом. Вроде бы всё было то же самое, но корзины были наполнены грибами, одежда пропахла дымом от костра, в волосах на голове запутались листики с деревьев и какие-то маленькие веточки.

Без каких-либо лишних слов лес успокоил и утешил людей. И они оставили свои горькие раздумья и грустные эмоции в лесу и вновь были полны сил и желания жить.

Экскурсия на завод «Металлист»

В один из обычных школьных дней нам сказали, что занятия в школе заменяются на экскурсию и двухчасовую работу на конвейере завода металлоизделий «Металлист». Все ученики запрыгали от радости, всегда готовые делать все что угодно лишь бы не учиться.

В 80-х годах завод был знаменит тем, что производил шевроны, форменные значки и пуговицы для разнообразной форменной одежды. Мы с восторгом пошли во главе с учителем на экскурсию, радостно покинув душные помещения школы, и ощущали себя свободными от уроков, контрольных, вызовов к доске и прочих утомительных школьных обязанностей.

Завод находился в двадцати минутах, если идти до него пешком, от нашего красивого старинного здания школы. Мы, весело болтая, шли вдоль красивой ограды парка, за которой шумела вода работающих фонтанов, слышался смех и разговоры посетителей парка. Настроение у всех было отличное. И дойдя до небольшого обшарпанного здания, все ученики радостной толпой ввалились в небольшую комнату, где нас встретила чрезвычайно спокойная и какая-то совершенно безэмоциональная работница этого завода. Классная руководительница передала всех пришедших учеников этой женщине и быстро покинула помещение завода, попрощавшись с нами до завтра.

А мы остались. И как-то внезапно стихли радостные разговоры, и веселое настроение тоже улетучилось. В комнату вошли еще четыре женщины с усталыми серьезными лицами, и, натужно улыбаясь, предложили нам разделиться на четыре группы. Так, чтобы можно было бы всем разойтись по заводу в разные помещения с пришедшими работницами.

И вот мы пошли смотреть завод. Женщина, которая сопровождала нашу группу из десяти человек, оказалась очень милой и доброжелательной. Она показала нам мастерские завода, столовую для работников и потом привела к конвейеру, где женщины делали эти значки и пуговицы. Там была такая движущаяся полоса, на которой лежали эти предметы. И она, как белая широкая змея, медленно ползла, пересекая зал. Вдоль ползущей змеи сидели женщины, склонивши головы, и с инструментами в руках. Возле каждой работницы стояла лампа, освещавшая небольшой участок перед нею. Когда к женщине подъезжал кусок ленты, на которой лежали значки, она должна была быстро сделать какое-то действие с лежащими перед нею предметами. Например, закрутить что-то или же поставить маленькую точку, или же произвести еще какое-нибудь небольшое действие.

Замерев на несколько секунд перед работницей, лента передвигалась к следующей работнице.

И эти женщины, производя одно и то же действие в течение всего рабочего дня, сидели, наклоня головы над тихо ползущей лентой, не имея возможности отвлечься ни на минуту.

Нас посадили рядом и дали делать что-то простое, чтобы мы ничего не испортили. И этот процесс продолжался два часа. Тихо однотонно жужжала ползущая лента, искусственный белый свет разливался по всему помещению, иногда слышались короткие разговоры работниц. За спиной, время от времени, проходила начальница этого отдела, следящая за работой женщин, склонившихся около светящихся желтых ламп над движущейся лентой.

Это были одни из самых длинных часов в моей жизни. К концу второго часа я усилием воли сдерживала свое желание подняться со стула и просто уйти. Я уже искренне ненавидела подползающие ко мне значки и пуговицы. Одно и то же действие в течение двух часов.

Лица моих друзей одноклассников тоже выглядели измученными и безмерно усталыми. Больше всего пугало подступающее состояние отупения и какое-то тяжелое предобморочное состояние.

Как это часто случается в жизни, когда сил не осталось уже совсем, вдруг пришла доброжелательная женщина и, улыбаясь, объявила нам, что мы можем идти домой.

И мы измученные волочились по коридору, не имея даже сил, чтобы радоваться своему освобождению. А женщина шла рядом с нами и приглашала приходить работать на завод после окончания школы. Говорила о льготах для работников, о стабильной зарплате, об отпусках летом и хорошей столовой. Но мы, переглядываясь друг с другом, читали в наших глазах – «Никогда». И помнили совет женщины, которая прошептала нам во время работы за конвейером: «Ребята, никогда не приходите работать сюда. Учитесь и идите учиться дальше. Не слушайте тех, кто приглашает».

И мы поняли, что такое свобода. И ощутили, что дает образование и знания. И до сегодняшнего дня я признательна совету одной из работниц, да и в целом той экскурсии, которая за такое короткое время дала мне так много.

Необычная прогулка

Слова недостаточны для описания великолепия, изысканности и величия парков, дворцов и фонтанов в Новом Петергофе. Наверное, здесь в описании должно быть прикосновение поэзии, потому что только поэтическая строка может, хотя бы слегка, коснуться красоты и посметь выразить ее.

Талантливые архитекторы, художники создали реальность в виде парков, и этим подарили людям возможность быть внутри сказки.

Нижний парк очень разный по настроению в зависимости от времени года и просто погоды. Зимой скульптуры одевают в деревянные коробки, и они стоят такими странными деревянными столбиками. Но в другое время года изящные, гордые, словно осознающие свою красоту, они на своих постаментах. Скульптуры кажутся практически живыми, наполнившись эмоциями людей, гуляющих в парке и прикосновением природы. И осень кружащими листьями раскидывает цветастый ковер под ноги людей, на поверхность воды в фонтанах и в Финский залив. И на плечах скульптур лежат разноцветные листья, упавшие с деревьев, словно природа подарила частицу себя этому мраморному искусству.

Зимой парк тих, дорожки покрыты снегом, везде ровное полотно абсолютно белого снега. Черные птицы важно ходят по скамейкам и дорожкам, ощущая себя уютно и уверенно в этом белоснежном покое. Людей в эти дни в парке практически нет.

И я помню, как мы (наша небольшая семья) пришли в один из таких зимних дней в парк.

Падал тихий снег из высокого серо-белого неба. И нам казалось, что мы абсолютно одни в парке. И вдруг непонятно откуда с радостным лаем к нам бросилась большая собака, рыжая, весёлая. Она подбежала совсем близко и потом умчалась вперёд по заснеженной аллее, иногда оборачиваясь на нас, словно приглашая идти за ней следом.

И мы пошли, разговаривая о пустяках, радуясь снегу и белизне деревьев, и внезапно появившейся собаке, которая гуляла с нами так, как будто бы знала нас давным-давно. Откуда она взялась? И почему так доверчиво шла с нами? Наша компания ей была явно по душе, и нам тоже было хорошо гулять с ней. Ну ведь каждому же приятно, когда нравишься. А мы ей нравились. Это было очевидно. Так мы все вместе и гуляли часа три по парку.

Почему запомнился именно этот день? Наверное, потому что именно в тот день витало над нашими головами ощущение счастья, любви, единения. И природа была белоснежна тиха и прекрасна. И мы были вместе, как одно целое. И эта смешная, добрая и доверчивая собака, почему-то выбравшая нас своими попутчиками и радовавшаяся нашим дружелюбным словам, обращенным к ней.

Когда мы направились к выходу из парка, собака поняла, что мы уходим. А она явно чувствовала себя в парке, как дома, и совершенно не собиралась его покидать. Она подбежала ко всем, прижалась к ногам, а потом повернулась и радостно помчалась куда-то по своим делам.

Наверное, это была собака сторожа парка или работников. Ведь кто-то же ухаживал за парком и зимой.

Через недели две мы еще раз встретили эту рыжую красавицу, когда пришли в парк, но во второй раз ей было явно не до нас. Хотя собака подбежала к нам, повиляла хвостом, поулыбалась, как умеют улыбаться все собаки, и выслушав восторги по поводу нашей встречи, довольная убежала по своим делам.

И во второй раз мы гуляли одни.

Был прекрасный день, белоснежный парк, снова черные птицы и безмолвный Финский залив, скованный льдами. Но вот странное дело, нам очень её не хватало. И мы все время ждали, что она прибежит к нам снова, чтобы вместе гулять по аллеям тихого зимнего парка.

Парки в Петергофе

Парки в Петергофе удивительные, с потрясающими фонтанами, скульптурами, дворцами. И многие поэты, посетившие Петергоф, запечатлели его красоту в стихах.

Сразу вспоминаются имена: Федор Тютчев, Петр Вяземский, Михаил Лермонтов, Ольга Берггольц, Иосиф Бродский, Белла Ахмадулина.

А ведь поэты и писатели обычно ранимые и глубоко чувствующие люди. И поэтому их сердца отзываются именно на то, что возвышает – на настоящее и говорящее на языке поэзии.

В парк действительно можно было входить, как в своеобразный сборник поэм, потому что в любом месте парка есть поэтические строки. Они выражены и в звучании падающих струй фонтанов, и в шелесте листвы высоких деревьев, и в дыхании Финского залива, на берегу которого расположен Нижний парк.

И конечно, парк похож на музыку. Думаю, что так звучит музыка Вивальди.

Я помню, как летом мне хотелось быть в парке каждый день. Да и многие жители города были бы не прочь ходить в него почаще.

Но билеты нужно было покупать, а это уже начинало восприниматься, как ограничение на количество посещений парка.

А он был родным, необходимым, утешающим и всегда щедро дарящим красоту своих аллей, наполненных ароматом цветов.

Зимой парк был открыт для всех. И наконец-то, не было необходимости постоянно покупать входные билеты.

Падал снег. Снежинки кружились в воздухе и таяли на ладони, если я пыталась поймать их. Аллеи парка были как будто длинные белые реки, бегущие прямо к дворцам парка. Вдоль этих странных аллей-рек стояли высокие деревья в пушистых белоснежных шапках. Они были, как суровые стражники, надежно охраняющие тишину и покой в зимнем царстве Нижнего парка. Стояла успокаивающая тишина, и людей в парке обычно не было. Вся атмосфера напоминала мне театральные декорации. Было красиво, тихо и немного печально. Создавалось впечатление, что парк отдыхает от шумного лета, когда толпы туристов ходили по его аллеям, сидели на скамейках, фотографировали, разговаривали, шутили и что-то восторженно кричали друг другу.

Зимой ощущение вечности постоянно присутствовало в этом безлюдном, красивом, молчаливом парке.

Волны Финского залива уже не были живыми, движущимися. Их словно спрятали под слоем льда, по которому можно было идти в направлении к противоположной стороне залива – прямо к Санкт-Петербургу.

И только зимой Санкт-Петербург казался расположенным очень близко к Нижнему парку. И мне всегда представлялось, что нужно просто пройти немного по льду, да вот так – идти и идти вперед, не останавливаясь ни на минуту, и тогда легко можно достичь Санкт-Петербурга.

Так казалось мне тогда.

Сейчас я понимаю, как много было в моей жизни событий, когда надеялось, что можно продолжать что-то делать, и всё получится, свершится.

Но как иллюзорна и хрупка была эта надежда. Однако Петергофский парк был реальностью.

И он оберегал меня, мой мир чувств, и как птица, взявшая меня с собою в небеса, как дождь, сделавший меня своей каплей, объединил себя со мною и этим объяснил структуру бытия и смысл жизни.

Санкт-Петербург

Санкт-Петербург – город, которому чуть больше 300 лет. За эти годы он несколько раз сменил имя.

Санкт-Петербург: с мая 1703 по август 1914
Петроград: с августа 1914 по январь 1924
Ленинград: с января 1924 по сентябрь 1991
Санкт-Петербург: с 6 сентября 1991

Назван город был в честь Святого Петра, небесного покровителя царя-основателя, но, с течением времени, стал всё больше ассоциироваться с именем самого Петра I.

―――――――――

Серые дождливые дни без солнца, низкие тяжелые облака над рекой Нева и в целом над всем городом. Облака укрывают словно огромный серый плащ.

В Петербурге всегда было много дождей и совсем мало солнечных дней.

Иногда это казалось невыносимым и внутри возникало глухое раздражение и серьезный протест против бесконечно льющегося дождя.

Это небо было так близко, что временами казалось, что его можно коснуться рукой, так же просто и легко, как дотронуться до воды рек и каналов, рассекающих город.

Петербург – город элегантный, изысканный, город холодный, надменный и внутренне очень одинокий. Сколько великих писателей и поэтов он взрастил! И как тяжело и холодно было им жить в этом городе под его постоянно низким серым небом. Они выразили свое состояние в стихах и прозе, раскрыв с помощью слов, как можно жить и ощущать ценность, красоту, отчаяние, надежду и любовь в Санкт-Петербурге.

И можно войти во внутренний мир поэтов и писателей через мосты прекрасных слов прямо к их чувствам. И погрузиться в атмосферу, созданную их талантом.

В Санкт-Петербурге везде вода. Город расположен вдоль русла реки Нева и ее протоков. Его иногда так и называют – «город на Неве». Санкт Петербург дышит водою, это его стихия, и иногда становилось тревожно за город, за его судьбу, которая, как будто связана с этой водой.

И во время наводнений в центре города вода хищно вылезала из реки Нева и уверенно приходила к подъездам старинных домов, угрожая им и людям, живущим там. И тогда я отчетливо начинала понимать, что природа способна на все, и ее спокойствие и терпимость к людям не бесконечны. Уверенное и одновременно абсолютно равнодушное течение этих вод по набережным, когда машины, уже критически погруженные своими колесами в воду, с трудом передвигались в нужном направлении. Это было похоже на раскаты грома перед грозой, когда еще нет стены дождя и даже может светить яркое солнце. Но люди понимают, что гроза идет. Вдалеке уже сверкают молнии, и воздух наполнен тревожным запахом грозы.

Мне было хорошо жить в этом городе. В нем всё дышало поэзией. Люди воспринимались, только как часть города. Но они не сливались с ним, как это обычно происходит в более южных городах, хотя были его необходимыми элементами.

Люди в Санкт-Петербурге чем-то похожи на зрителей, пришедших в изумительный величественный театр, но пьеса-жизнь идет каждый день, и все привыкли к ней и принимают ее, иногда даря свои аплодисменты и улыбки, иногда – слезы и печаль.

Приезжающие в город туристы всегда отмечали холодность жителей, их закрытость и вежливость истинных Петербуржцев. И это было действительно так. Люди как будто экономят свой эмоциональный запас и силы, зная, как непросто жить в холодном городе дождей, облачных дней и затяжных зим.

С каждой зимой иссякали силы, и столь долго ожидаемое лето всегда казалось очень коротким и прохладным. И летней одежды, в общем-то, у людей было немного, потому что недостаточно теплых дней для того, чтобы делать себе шикарный летний гардероб.

Лето было коротким, зима же казалась бесконечной. Снег, похожий своим характером на дождь, падал и падал на землю, где он смешивался с грязью и превращался в серо-черный снег, лежащий под ногами спешащих усталых людей. К середине зимы, наконец-то, всё покрывалось белым полотном – и дороги, и мосты, и крыши домов города. Мороз сковывал воды каналов, рек и уверенно заточал воды Финского залива под лед. Становилось светлее, белее и это радовало. Но общее настроение зимой было печальнее, чем во время бесконечных осенних дождей. Зимой становилось как-то совсем печально, спокойно и отрешенно возвышенно.

Несмотря на это я любила этот город, и он принимал меня тоже. Но Санкт-Петербург не поддерживал и не утешал меня. Он просто позволял мне быть и жить в нем.

И я была благодарна городу, потому что мне всегда виделось, что Санкт-Петербург и сам нуждается в поддержке и в постоянном восхищении. Ему нужны его дворцы, театры, парки, реки, каналы, мосты и обязательно – моросящие дожди, белоснежные снегопады и его низкое серое небо.

Мне представлялось, что город похож на высокого, худощавого и очень одинокого человека в таком длинном сером плаще, сосредоточенного только на себе и своих чувствах. Ему нет дела до людей в нем живущих, потому что ему важно сохранить себя, свою душу, не расплескать свое внутреннее одиночество и оберегать поэзию веков, которая находится в нем.

Мне всегда нравилось

Мне всегда нравилось, что в Санкт-Петербурге много скульптур ангелов. Всего их по городу более 3000. И они служат символом защиты города от злых сил, и, по-видимому, действительно помогают людям, живущим в этом странном городе дождей и рек. И невольно думаешь о том, как же все-таки много нужно ангелов, чтобы оберегать Санкт-Петербург, его спокойствие и красоту и его вечно спешащих куда-то по своим делам жителей. И вспоминаешь историю города, в которой, возможно, и находится ответ.

А еще в Санкт-Петербурге много трамваев. Они уверенно бегут по улицам города и особая атмосфера в Санкт-Петербурге также создается и трамваями. Если говорить сухим официальным языком цифр, то можно добавить, что Санкт-Петербург входит в «Книгу рекордов Гиннеса» по протяженности трамвайных путей, составляющей около 600 км.

Трамваи стучат колесами, бегут по рельсам, уже практически не беспокоя жителей домов, мимо которых они проезжают. Потому что люди привыкли к их шуму, трамваи стали элементом города и его неотъемлемой частью.

Привыкаешь и к характеру города, к его архитектуре, мостам, кафе, театрам и, не замечая того сам, тоже становишься его частью. И даже его характер начинает нравиться тебе. Уже знаешь его поведение и погоду. Не удивляешься внезапной смене солнечного утра на серое унылое освещение и моросящий, кажущийся бесконечным дождь к середине дня. Просто помнишь, что выходя утром из дома, лучше захватить с собой зонт, даже если светит солнце и абсолютно безоблачное небо. Санкт-Петербург переменчив и может в любой момент заплакать дождем, если ему вдруг станет грустно.

Белые ночи Санкт Петербурга

Короткий странный промежуток времени летом (приблизительно с 10 июня по 5 июля), когда темнота не наступает в городе, и только сумерки посредине ночи указывают на то, что это – ночь. Туристы и жители романтики города гуляют черными силуэтами и как будто находятся в постоянном сером тумане, сквозь который видны их передвигающиеся по городу фигурки.

Фонари своими желтыми глазами смотрят сквозь эту серо-белую пелену, и воздух кажется мерцающим и живым от их освещения.

Дома, скульптуры в парках и на мостах словно плывут в тумане во время белых ночей. И бегущая в реке Нева вода похожа на большое дышащее животное, которое куда-то торопится по своим делам. Реки и каналы, наполненные водой, рассекают город движением своих вод. Всё вокруг кажется нереальным. Какой-то удивительный сон, в котором есть место и людям, и они даже являются полноправными персонажами этого красивого сна.

Но все же главная роль этого фильма-сна по праву принадлежит городу – его поэзии, его величественной архитектуре, его низкому серому небу, которое при этом освещении кажется практически сливается с водой. И атмосфера поэзии обволакивает, входит внутрь, увлекает и очаровывает.

Город легко делает всех своими элементами и актерами, однако, не сливаясь с ними, а, как и положено в поэзии, позволяя им быть только своими словами, из которых они всё же могут создать стихотворение, посвященное Санкт-Петербургу.

Вечером во время белых ночей, день плавно неторопливо уходит. Воздух становится серовато-прозрачным, и город наполняется серыми красками. Всё постепенно становится печально спокойным, отрешенным от дневных забот и суеты.

И, пожалуй, вот это и является самым важным в белых ночах. Отсутствие суеты и спокойствие чувств.

И несмотря на всю печальную красоту белой ночи утренний яркий луч солнца и песни проснувшихся птиц радостью вспыхивают и в сердцах жителей Петербурга. Начинается новый день, наполненный ярким светом, суетой, повседневными заботами, а белая ночь величаво спокойно уходит. Но люди знают, что она вновь вернется вечером, и покорит всех своей поэзией, сумерками, принося в сердца людей умиротворение и прозрачную легкую печаль.

Город контрастов

Всегда вызывает удивление контраст пышно-нарядного, величественного, представленного изумительной архитектурой центр города и его какие-то безнадежные тоскливые по настроению дворы-колодцы.

Окна типичного двора-колодца смотрят в окна напротив. Пространство жестко ограничено стенами. Небольшой дворик, образованный между стенами этих домов, кажется устремляется в небо, пытаясь освободиться от заточения стен. Думаю, что эти дворы производят жуткое впечатление на приезжих, но это истинно Петербургские дворы, которые также являются неотъемлемой частью города.

Они настолько оригинальны и атмосферны, что в них водят туристов. И экскурсии во дворы-колодцы очень популярны, так как туристы оказываются словно в декорациях особого фильма. А ведь в домах живут обычные люди, и бегают их дети, и жизнь людей наполнена повседневными делами и событиями. И для жителей этих домов нет ничего странного в домах-колодцах. Они привыкли. Это их жизнь. Это тоже Санкт-Петербург.

Город мостов

Петербург – живой город, дышащий. И его архитектура тоже одухотворенная. Движущаяся вода в реках и каналах живая и плывущие в небе облака отражаются в воде и как будто следуют вместе с ней.

Город расположен на 42 островах. Он и задумывался быть похожим на Венецию. Иногда Санкт-Петербург действительно называют «Северной Венецией», что уже говорит само за себя.

В Петербурге очень много мостов. Сегодня в городе и пригороде их насчитывают около 800 (более 300 мостов расположены в историческом центре). И все они помогают жителям переходить с одной стороны реки или канала на другую сторону. И подчас это происходит так легко, что люди даже не задумываются о том, что они на мосту. Более того, жители воспринимают мосты такими же естественными и обычными в городе, как, например, тротуары, улицы или проспекты.

Но есть в Санкт-Петербурге и разводные мосты.

Ночью многие из них раскрываются, словно разламываются пополам, и дают пройти под ними большим грузовым судам и танкерам. Обычно эти мосты разводят в период навигации, примерно с конца апреля до середины ноября.

Существуют и так называемые «однокрылые» мосты, поднимающие почти вертикально своё «крыло». Это Троицкий и Литейный мосты.

Интересно, что в эти несколько ночных часов нет никакой возможности перейти из одной части города в другую, отсечённую от города разведённым мостом. Метро ночью закрыто. Хорошо если в городе есть родственники или друзья, там где ты находишься. Тогда можно остановиться и переночевать у них.

Мосты разводят по очереди для прохода судов из Балтийского моря через Неву в Ладожское озеро.

Они открываются довольно быстро – приблизительно минут за десять. Но этот процесс настолько впечатляюще выглядит, что не только туристы, но и жители города часто приезжают в центр Петербурга, чтобы еще раз посмотреть на раскрывающиеся мосты.

Конечно, увидеть одновременно, как разводятся все мосты, невозможно. Но если есть возможность пройти на крышу высокого здания, стоящего неподалеку, то вот тогда уже можно увидеть бóльшее количество

разводящихся мостов. И они кажутся живыми. Мосты оставляют отражение в воде, открываются небу, светятся огнями и, пропуская грузовые суда пройти дальше по реке, уверенно напоминают людям, что являются важной частью этого города.

Зима

Зимой снег был похож на щенка, бежавшего рядом с тобою. Такого веселого, суетящегося, летающего в небе и рядом, целующее твоё лицо. И было не одиноко, вот совсем не одиноко, а как-то очень хорошо. И свет фонарей освещал дорогу и казалось рядом все любящие тебя, хотя и давно ушедшие, покинувшие этот суетливый мир.

Но они тоже рядом, такое спокойствие было в холодном воздухе зимы, и снег белым щенком шествовал рядом с тобою и, рассыпаясь, падал снежинками с неба и снова собирался и был у ног, как будто бы оберегая от бед.

Петербург всегда выглядит спокойным в дни падающего с небес снега. Его реки застывают под слоем белого льда, под которым надежно укрыта вода. Каменные скульптуры львов на мосту смотрят величественно строго, покрываясь постепенно белым снегом, словно надевая на себя белоснежное пальто.

А ты идешь и снег щенком возле ног.

Это зима, детка. Это обычный день зимы в Петербурге. И не одиноко, просто печально. Просто понимаешь, что всё суета, а главное звучит в кружащем танце снежинки. И твоя жизнь коротка и подобна ее полету – с небес, кружа, холодно, но красиво, не одиноко, но печально.

И даже если попытаться прикоснуться к главному и попытаться согреть, то не сохранить, растает, исчезнет, пропадет.

И поэтому, отстранившись от лишних и доверившись указанному пути, можно идти долго в процессе времени, в этом городе-поэзии, в городе-одиночестве с одним только верным щенком-снегом, который не покидая тебя ни на минуту, идет с тобою сквозь снежный город Санкт-Петербург.

Лето

Очень короткое, долгожданное и одновременно стремительно проходящее. Несколько платьев обычно достаточно любой женщине для летнего сезона, потому что теплых дней летом совсем мало. И тепло летнее такое слабое, нежное, но какое-то болезненное. Кажется, что кто-то любит тебя и очень хочет поддержать, согреть, утешить, но сам город недостаточно прогрет теплом для того, чтобы еще и щедро делиться этим ресурсом со своими жителями. Понимаешь, что и ему самому очень необходимо тепло летних дней хотя бы для того, чтобы прогреть им свои старые дома, стоящие вдоль рек и каналов, вечно влажные дворы-колодцы, длинные проспекты и, главное, не забыть подарить тепло городским птицам.

Санкт-Петербург очень живой город, со своим сложным характером, гордый, недоступный и величественный. Летом он впитывает в себя тепло – в камни мостовых, дворцов, зданий. Ведь он должен быть сильным и здоровым к приходу очередной осени с бесконечными дождями и к долгой зиме с ее мокрыми снегопадами и влажным дыханием заснеженных улиц.

Жители ощущают это настроение города. Ничего нового. Привыкли. Это такой город. Он, как и в любое время года – красив, самодостаточен и отстранен от них. Но очень красив и наполнен поэзий, которая как будто бы разлита в воздухе города. И возможно, поэтому так сильно любим теми, кто живет в Петербурге.

Летом все рады безветренным дням, солнечным теплым лучам, как согревающей улыбке счастья, подаренной им после холодной зимы и протяженной прохладной весны.

А девушки такие юные, оптимистичные, прекрасно одетые в свои летние наряды идут по городу, дополняя своей красотой его улицы. Все рады лету. И все понимают, что тепло в городе ненадолго. И поэтому каждый теплый солнечный день ценен и замечателен.

Река Нева, шелест волн, проезжающие шумно мимо машины и пышная зелень деревьев в старинных парках. Красиво, тепло, немного печально, но лишь немного, как тихая музыка летящих летних дней, звучащая в городе в эти дни во всём.

Но как же долго не приходит лето в Санкт-Петербург...

Один мой хороший друг как-то грустно сказал мне: «Ты знаешь, мне с каждым годом всё труднее переживать зиму, ожидая весну и лето. И зима словно становится всё длиннее и длиннее, и я боюсь, что когда-нибудь она покажется мне бесконечной».

И я поняла его.

Город писателей, поэтов, художников

Санкт-Петербург – город, в котором жили талантливые писатели, художники, поэты, скульпторы, дизайнеры. Много имен, оставшихся в истории. И вновь мне думается, что атмосфера этого прекрасного города способствовала развитию их таланта. Ведь талант попадал в среду, в почву, где легко было расти и было чем насыщаться и совершенствоваться. Так творческие люди поддерживаются городом, а он становится еще прекраснее благодаря им и сохраняется в словах, текстах, музыке, картинах.

Город же тоже живой. Он дышит, изменяется со временем, что-то приобретает и становится еще красивее, но одновременно что-то важное уходит, исчезает. И писатели, поэты являются людьми, помогающими понимать чувства этого города и фактически пишущие в своих произведениях летопись его жизни.

Можно назвать лишь несколько имен, чтобы убедиться в том, какие таланты жили постоянно или долгое время в этом холодном изысканном городе: Алесандр Пушкин, Михаил Лермонтов, Федор Достоевский, Александр Блок, Николай Гумилев, Анна Ахматова, Михаил Зощенко, Иосиф Бродский и Сергей Довлатов.

И прочитав эти имена ты понимаешь, что не только атмосфера Санкт-Петербурга проникала в их творчество, но и они тоже влияли на город. И практически все отзывались о Санкт-Петербурге с пронзительной печалью и обращались к нему с укором.

Весна и Осень

Весна кажется всегда запоздалой. Её ждут отчаянно, устав от долгой, изматывающей зимы. И в марте доверительно говорят друг другу: «Ну что ж, скоро весна. Всё же уже март на дворе». И вот это «скоро» практически всегда растягивается на дни и превращается в недели. А дни всё так же дышат холодом, приходят внезапные снегопады, хотя по календарю уже давно весна.

Но вдруг яркий теплый день. И сразу же начинает таять снег, превращаясь в грязный слой из воды, песка и земли. Но все рады теплу. Люди начинают улыбаться друг другу, и город как будто оживает под лучами весеннего солнца.

Но это тепло обманчиво, как впрочем, и сама весна. Следующие дни снова оказываются холодными и неприветливыми. Погода в марте чем-то похожа на выздоравливающего больного, которому становится то лучше, то вдруг снова хуже. Конечно, все знают, что всё будет хорошо. И весна обязательно придет. Снег полностью растает, зазеленеет трава, и будет теплее с каждым днем. Наверное, можно сказать, что и погода в чем-то похожа характером на Санкт-Петербург. Она холодная, независимая и абсолютно не заботящаяся о том, что о ней думают люди.

А осень обычно очень красивая в Санкт-Петербурге. Теплый бархатный сентябрь. Как будто возвращается снова, только что попрощавшееся лето. И оно уверенно говорит всем, что уходит только на время зимы, а потом вернется – обязательно и даже, может быть, уже в июне. Только нужно ждать и верить, и пережить зиму, черные улицы до того, как будет снег в городе и позже белоснежность долгих холодных дней.

Осенью цветные листья падают с деревьев. Как разноцветные ноты осенней мелодии печали. В парках листья лежат коврами на аллеях и около деревьев. И падает листва на белоснежные скульптуры и на деревянные скамейки. И дети, гуляющие в парках с родителями, несутся по дорожкам, разбрасывая листву ногами. Взрослые же идут чинно и ведут беседы, лишь иногда улыбаясь, взглянув на играющих детей. Но, однако, и взрослые не могут удержаться и собирают букеты из ярко-красных кленовых листьев. Они несут их в руках, как ярких птиц, которые почему-то решили довериться людям и гуляют вместе с ними.

Раньше я думала, что осень и не бывает другой. Я была уверена, что Петербургская осень похожа на все остальные, которые существуют в разных частях мира. Но оказалось, что особенность превращения зеленой листвы в разноцветное буйство красок присуще далеко не всем городам и странам. И часто существует спокойный переход от зеленого цвета к коричневому. А потом лист падает на серый асфальт, практически ничего не добавляя к его унылости. И только шуршание упавших листьев под ногами напоминает красивую Санкт-Петербургскую осень. Но нет поэзии красок и великолепия прощальных осенних дней перед долгой белоснежной зимой.

А объединяет и осень и Петербургскую весну – дожди. Они проходят через все времена года в Петербурге, создавая дождливое настроение городу и людям.

И эти постоянные дожди, как и архитектура города, реки, мосты являются его отличительной чертой. Дождь идет, моросит, накрывает город, уверенно стучит каплями в окна домов. Дождь падает в реки и каналы, добавляя дождевой воды и в них, проливается на крыши домов, но жители не удивляются постоянному дождю, они привыкли к нему.

Они знают – это их город.

Это – Санкт-Петербург.

Заключение

И на этом я заканчиваю книгу, понимая что, в общем-то, это книга не столько о городах, в которых я жила, не описание этих прекрасных мест, а о становлении меня, как личности благодаря и им также. И в целом мне повезло встретить города, которые улучшали меня, наполняли эмоционально и украшали мою жизнь.

Ведь всё в жизни взаимосвязано. И характер человека и даже его судьба зависят от пространства, где он находится. Не всегда осознавая это, иногда и не желая происходящих изменений, я, тем не менее, изменялась тоже.

Погода, архитектура и природа в городе могут утешать и поддерживать или же, напротив, разрушать и опустошать. Иногда человек счастлив именно благодаря месту, где он проживает. Но бывает, что хочется покинуть его, как можно быстрее, и не возвращаться больше никогда.

Один мой хороший знакомый сказал мне: «День, когда я, наконец-то, уехал из города, в котором я жил всю свою юность, был одним из самых важных и счастливых в моей жизни».

И он никогда больше не возвращался в тот город.

Я же понимаю, что признательна всем прекрасным городам, принявшим меня в свои пространства.

И я надеюсь, что дополнила их собою, ничего при этом не разрушив, а, наоборот, в какой-то степени выразив их и сохранив с помощью слов. И я легко иду к себе сквозь эти пространства, к своему становлению и принятию себя.

Через города к себе.

Содержание

Введение 9

Винница 13

Колпино 23

Абдулино 37

Петергоф 71

Санкт-Петербург 103

Заключение 141

Ранее опубликованные книги автора:

Хрупкость Чувств (ISBN 9780368558863) Стихотворения о смысле жизни и вечности. Сны и реальность, надежда и прозрачность чувств, какая-то удивительная лёгкость бытия и глубина настроений. В книге есть стихотворения, написанные мужчиной женщине. В книге «Хрупкость чувств» опубликованы стихотворения, написанные в 2013-2018 годах.

День (ISBN 9780368977138) Стихи о любви и смысле жизни. Прекрасное сочетание поэтических слов и красочных рисунков, созданных автором

Письмо Дождя (ISBN 9780368652363) Стихотворения о любви, дружбе и чувстве жизни. Нежные слова, которые звучат, как умиротворяющая музыка дождя. В книгу вошли стихотворения, написанные до 2013 года.

Встречи с Ангелом (ISBN 9780464274810) Эта книга – фантазия и реальность одновременно. Многие когда-нибудь ощущали прикосновение вечности, высших сил, невидимых и прекрасных. Это происходило с помощью каких-либо знамений, знаков или во снах. Об этом не очень принято говорить, но это существует. В книге описываются встречи с Ангелом, которые произошли у обычного человека и его кошки. И во время этих коротких встреч Ангел ответил человеку на некоторые вопросы, которые его волновали.

Прозрачный Мир (ISBN 9780368811647) В книгу вошли рассказы, написанные в 90-х годах в Санкт-Петербурге. Размышления о творчестве, о влиянии зависти на творчество, о поэзии и истории из жизни. Рассказы сопровождаются иллюстрациями.

Танец Слов (ISBN 9780464029878) Стихи о любви, вечности и смысле жизни.

Пространство случайностей (ISBN 9781714074525) В книгу вошли рассказы о любви, творчестве и вдохновении, такие как Любовь и Тишина, Пространство случайностей, Утро поэта и Встречи с ангелом. Истории полны юмора и эмоций. Книга также содержит иллюстрации.

Прикосновение Вечности (ISBN 9780464481904) Книга представляет стихотворения, написанные автором в течение 30 лет. Фактически книга объединяет вместе три ранее опубликованные книги «Танец Слов», «Хрупкость Чувств» и «Письмо Дождя».

Размышления о творческих людях
(ISBN 9781714197323)
Это книга-размышление о творческих людях, об их ответственности за талант, который они имеют, об отношениях, существующих между человеком, занимающимся творчеством и обществом. По существу, книга представляет собой вопросы и ответы на них. Книга может послужить поддержкой людям талантливым, но сомневающимся в себе.

Солнце по талонам (ISBN 9781714322763)
Девушка, умеющая проходить через дверь времени; корзинка снов, которую принес муж жене; второй шанс, получаемый в другом пространстве; жизнь теней и многое другое в этой книге. Автор показывает различные и удивительные пространства, неожиданным образом соединяет прошлое и будущее, фантастическое и реальное.

Дверь времени (ISBN 9781714719990)
Рассказы о любви, творчестве и вдохновении, об удивительной возможности возвращения в прошлое и пересечении пространств. В книгу также включен, ранее опубликованный рассказ, «**Встречи с Ангелом**». Рассказы сопровождаются иллюстрациями.

Также некоторые стихи и рассказы автора были опубликованы на английском языке издательством «Gival Press», Арлингтон, Вирджиния, США; издательством «Beyond Borders», Исландия; на албанском языке газетой «GLOB» Берат, Албания.

ekaterinayakovina.wixsite.com/mysite

www.tcart.com